Situation financière de la France

1843

LÉON FAUCHER

TABLE DES MATIÈRES

SITUATION FINANCIÈRE DE LA FRANCE, 1843

I. Projet de loi pour la fixation des recettes et des dépenses de l'exercice 1844. — II. Comparaison des budgets généraux de recettes et de dépenses de 1843 et de 1830. — III. Compte général de l'administration des finances pour l'année 1841. — IV. Rapport au roi sur l'administration des finances, 1830. — V. Compte-rendu au nom du conseil-général de la Banque de France (26 janvier 1843).

A la fin de l'année 1840, et après les évènemens qui avaient changé ou plutôt dévoilé la situation de la France vis-à-vis de l'Europe, le ministère qui s'était formé au milieu de la tempête et qui s'était donné la mission de l'apaiser, déposa devant les chambres le bilan de notre situation financière, bilan de perspective, et dont, par un artifice peu digne du pouvoir en toute circonstance, il avait à dessein chargé le tableau.

Le projet de loi sur les crédits supplémentaires et extraordinaires, présenté le 7 décembre 1840, évaluait le découvert probable du trésor, pour les années 1840, 1841 et 1842, à 839 millions. Un mois plus tard, le 18 janvier 1841, le ministre des finances proposait d'ouvrir, par la loi des travaux extraordinaires, un crédit de 534 millions, qui se confondait, jusqu'à concurrence de 146 millions, avec les estimations précédentes, et qui devait porter par conséquent le découvert du trésor à 1230 millions environ. Pour rendre ces calculs plausibles, le ministère avait fait figurer, au budget de la guerre, un effectif de 493,000 hommes, bien que l'armée n'en eût compté, à aucune époque, plus de 426,000 dans ses rangs. Par un effet de la même tactique, les budgets de 1841 et 1842 comprenaient un fonds de 36 millions, destiné à pourvoir aux intérêts et à l'amortissement d'un emprunt qui n'était pas encore contracté.

Pendant que l'on entassait ainsi les chiffres sur les chiffres, afin d'élever à une hauteur chimérique la montagne du déficit, on nous signifiait en même temps qu'il n'y avait aucun soulagement à attendre de l'accroissement éventuel du revenu. La majorité de la chambre partageait sur ce point le désenchantement réel ou simulé du ministère ; car M. Thiers, ayant démontré un jour que les recettes du trésor s'augmentaient régulièrement en moyenne de 20 millions par année, fut interrompu par des murmures d'incrédulité. Et pourtant le revenu de 1840 offrait déjà une plus-value de 36 millions.

Ce qui prouve que les alarmes du gouvernement n'avaient alors rien de bien sérieux et n'étaient guère que des tableaux de fantaisie, c'est qu'au moment où il faisait ressortir l'exagération menaçante des dépenses que lui avaient, disait-il, léguées ses prédécesseurs, il avait le courage d'entreprendre de nouvelles dépenses, des travaux extraordinaires qu'il était encore en son pouvoir d'ajourner. Ajoutons qu'en créant ou en acceptant toutes ces charges, le ministère ne semblait pas se préoccuper beaucoup des moyens d'y subvenir. Évidemment, si la situation lui avait paru désespérée, il n'aurait pas reculé devant un changement quelconque dans l'assiette ou dans le taux de l'impôt, il n'aurait pas dit d'un ton calme, et qui contrastait avec la sombre couleur de ses prophéties : « Nous ne vous proposons point d'établir des taxes nouvelles ni d'élever le tarif de celles qui se perçoivent [1] ; » surtout il aurait présenté, pour faire face à ce prétendu découvert de 1230 millions, des ressources moins incertaines qu'un emprunt de 450 millions et que les réserves de l'amortissement ; enfin il n'aurait pas donné à entendre que la France devait s'interdire jusqu'en 1847 tout nouveau travail d' utilité publique, sachant bien qu'un système de finances est toujours mauvais quand il lie les mains pour l'avenir à une grande nation.

Il y a plaisir à voir comment le déficit, péniblement échafaudé dans la loi des crédits supplémentaires en décembre 1840, s'est réduit d'année en année, entre les mains du ministère actuel, sans qu'il ait eu besoin de se signaler par une recherche bien passionnée ni bien efficace de l'économie dans le maniement des deniers publics.

Quelques jours s'étaient à peine écoulés depuis la lecture de son premier exposé que M. Humann, présentant le budget de 182, en donnait une seconde édition dans laquelle il retranchait d'un trait de plume plus de 200 millions ; le découvert probable des trois années 1840, 1841 et 1842, s'y trouvait ramené au chiffre de 505 millions qui, joints aux 534 millions de travaux extraordinaires, présentaient un chiffre total de 1 milliard 39 millions.

Ce milliard est celui sur lequel souffla la parole de M. Thiers, dans la discussion des crédits supplémentaires [2]. Il prouva sans peine que les commissions nommées par la chambre, tout en accordant au gouvernement les crédits sérieusement demandés, trouvaient 100 millions à retrancher de ses évaluations. Voilà donc le déficit réduit à 939 millions, en avril 1841. A la fin de l'année, il ne s'élevait plus par aperçu qu'à 896 millions, ainsi que M. Humann le déclarait lui-même en présentant le budget de 1843 [3]. Le même ministre annonçait, dans le même document, qu'au moyen de quelques atténuations, par l'accroissement naturel des recettes et en faisant emploi des réserves de l'amortissement, le découvert se trouverait réduit encore de 95 millions au 1er janvier 1843, et ne représenterait plus qu'une somme ronde de 800 millions.

Pendant que s'opérait cette diminution successive de 440 millions dans les hypothèses financières du cabinet, le ministère en était venu à se rassurer lui-même, et il ne demandait plus qu'à faire passer l'opinion publique d'une terreur sans mesure à une imprudente sécurité. Les crédits supplémentaires avaient repris leur cours ; il y avait entre les ministres comme une émulation de projets et de dépenses. Le ministre des travaux publics, laissant tous ses collègues bien loin derrière lui, avait présenté d'un seul coup et fait adopter aux chambres une loi sur les chemins de fer, qui, avec toutes ses dépendances, n'ajoutait pas moins de 7 à 800 millions, un second milliard si l'on veut, aux charges de l'état. Notez bien qu'en inventant une dépense aussi excessive, le ministère s'était bien gardé de créer des ressources dont l'étendue répondît à ces nouveaux besoins. Sur l'emprunt de 450 millions autorisé par les chambres et hypothéqué aux travaux votés en 1841, 150 millions seulement ont été réalisés, et le reste est encore à trouver. Les réserves de l'amortissement sont engagées pour plusieurs années. La dette flottante, déjà chargée des découverts antérieurs à 1840, doit suppléer à l'insuffisance des moyens ordinaires. Voilà cependant l'instrument à l'aide duquel on s'est flatté de battre monnaie pour l'exécution des chemins de fer ! C'est la dette flottante, une dette exigible, une dette à échéance fixe, qui va supporter le budget tout entier de l'extraordinaire. On s'expose ainsi à suspendre les paiemens du trésor, à la première crise. Après avoir exagéré en plus, on exagère en moins. En deux ans, on a passé du système de la peur au système des illusions. Ils sont l'un et l'autre également en dehors de la vérité ; toutefois le second a plus de dangers que le premier, et il est plus près de l'abîme où la fortune publique peut s'engloutir.

Mais laissons là le programme ministériel, avec ses variantes et ses exagérations. Nous ne sommes plus, comme en 1840 et en 1841, sur le terrain des probabilités. Une expérience de deux années a mis toutes les théories à l'épreuve ; nous touchons à l'ère des faits accomplis. Le moment est donc favorable pour reconstruire sur des données désormais positives, sans faiblesse comme sans présomption, le bilan de notre situation financière, et pour embrasser dans un exposé fidèle les charges ainsi que les ressources de l'état.

M. le ministre des finances vient de présenter aux chambres le budget de 1844. Les propositions de M. Laplagne font ressortir les dépenses pour cet exercice, l'ordinaire et l'extraordinaire compris, à 1404 millions, et les recettes, en ajoutant au revenu 80 millions pris sur l'emprunt, à 1327 millions. L'excédant prévu des dépenses sur les recettes est donc de 77 millions ; nous n'exagérons pas en supposant que les supplémens de crédit, qui soldent le contingent de l'imprévu, porteront le déficit tant ordinaire qu'extraordinaire de l'exercice à 100 millions de francs.

Avant d'entrer plus avant dans l'examen de cette situation, il convient de se rendre compte des charges que les exercices intérieurs peuvent avoir léguées au trésor, et des ressources qui restent disponibles pour y pourvoir. Cette revue, quelque peu rétrospective, nous sera facile, grace à la méthode et à la clarté que l'administration des finances a introduites dans les documens qu'elle livre aux investigations du public.

BILAN

Notre situation financière se compose de trois élémens : les dépenses et les recettes ordinaires, les travaux extraordinaires et les moyens de crédit destinés à y faire face, enfin la dette flottante qui comprend tous les engagemens à terme du trésor.

Grace au merveilleux accroissement du revenu public, accroissement qui, dans la seule année 1842, a dépassé de 68 millions les évaluations du budget, le découvert des trois années 1840, 1841 et 1842 se trouve réduit à 315 millions [4], et à 248 si l'on en défalque une somme égale aux réserves de l'amortissement. Pour l'année 1843, M. le ministre des finances annonce un découvert spécial de 52 millions qui reporterait le déficit à 300 millions ; mais, en y appliquant les réserves qui seront probablement disponibles à la fin de 1843, pour une somme de 69,500,000 fr., on le ramène au chiffre de 230 millions.

230 millions, voilà l'excédant probable des dépenses sur les recettes au 31 décembre 1843 ; tels sont les résultats accumulés des quatre exercices, le bilan d'une situation qui n'est ni la guerre ni la paix, et qui mène peut-être plus sûrement à la guerre qu'à la paix. Pour combler ce déficit, il ne faudra rien moins que l'emploi des réserves de l'amortissement pendant les années 1844, 1845 et 1846 ; et l'époque de notre libération se trouvera nécessairement reculée, si le budget ordinaire de 1844 présente, comme il est déjà permis de le prévoir, un nouveau déficit de 50 à 60 millions.

Passons maintenant au budget de l'extraordinaire, à celui dont les moyens de crédit, dans le plan du ministère, doivent faire tous les frais. La loi du 25 juin 1841 a ouvert, en les partageant par allocations annuelles, des crédits qui s'élèvent à 496,821,400 francs, et qui ont pour objets l'achèvement des routes, des canaux et des ports, la construction ou la réparation des places fortes, l'extension de nos grands ports militaires, ainsi que les approvisionnemens de nos arsenaux. Deux lois, en date du 11 juin 1842, ont mis en outre à la charge du trésor l'établissement d'un grand réseau de chemins de fer dont la commission de la chambre des députés, en y comprenant un prêt de 22 millions aux compagnies de Rouen et du

Hâvre, évaluait la dépense à 497 millions, et qui coûtera certainement 2 à 300 millions de plus, eu supposant même que l'état n'ait pas à fournir ni à poser la voie de fer, mais en vue duquel les chambres n'ont voté jusqu'à présent que 148 millions principalement applicables à des tronçons.

En réunissant les conséquences des votes de 1841 et de 1842, on trouve que le trésor aurait à pourvoir, par les seules ressources du crédit, à une dépense en partie consommée, en partie prochaine, de 645 millions (nous admettons pour le moment, comme on voit, que le concours de l'état à l'exécution des grandes lignes de chemin de fer n'ira pas au-delà des 148 millions déjà votés). Pour faire face à cette difficulté de 645 millions, le gouvernement a été autorisé à emprunter, par une émission de rentes, 450 millions. Un emprunt aussi énorme fût-il aujourd'hui réalisé ou réalisable, le système du ministère laisserait encore, au compte de la dette flottante, une surcharge de 195 millions. Mais on sait que le précédent ministre des finances n'a émis, en octobre 1841, qu'une fraction de l'emprunt, et qu'il en reste encore 300 millions à placer ; en sorte que, provisoirement du moins, la dette flottante est appelée à supporter la plus forte part des dépenses que doivent entraîner les travaux extraordinaires et la construction des chemins de fer.

Il y a plus ; on peut raisonnablement prévoir telles circonstances dans lesquelles l'émission des deux dernières séries de l'emprunt deviendrait très difficile, et où la surcharge résultant pour la dette flottante des lois du 25 juin 1841 et du 11 juin 1842 ne resterait pas par conséquent au-dessous de 495 millions. C'est là, dans notre pensée, le danger le plus sérieux de la situation, et celui qu'il importe d'envisager de très près.

CREDIT

L'emprunt de 1841 est le premier que l'on ait contracté en France, en 3 pour 100, à un taux relativement aussi élevé. La nouveauté de l'opération, le moment qui fut choisi pour la tenter, le fractionnement de l'emprunt en plusieurs séries, tout, jusqu'aux taux de l'adjudication, devait provoquer la controverse. Le ministre des finances lui-même, M. Humann, voulut y prendre part, et voici dans quels termes il essayait de justifier, en présentant le budget de 1843, la combinaison à laquelle il s'était arrêté.

« L'importance de l'emprunt devait être déterminée par les besoins et les convenances du trésor ; or, le trésor était dans l'abondance, mais l'abondance lui venait de l'émission de ses obligations à terme, des sommes déposées par les caisses d'épargne, les communes et les établissemens publics, et qui s'élevaient ensemble à plus de 350 millions. La prévoyance nous faisait un devoir de ne pas laisser dépasser à la dette flottante de sages limites. D'un autre côté, il nous était démontré qu'avec une ressource supplétive de 150 millions et l'emploi intelligent des moyens de trésorerie, on pouvait faire face, pendant deux années au moins, à toutes les dépenses prévues. Il n'y avait pas lieu de pousser les précautions plus loin.

« Le choix de l'effet public sur lequel il convenait le mieux d'emprunter, a été de notre part l'objet d'un examen approfondi. Une adjudication de rentes 5 pour 100 au-dessus du pair pouvait affaiblir le droit de l'état de rembourser sa dette au pair ; ce droit, je l'ai constamment soutenu, et mes convictions me faisaient un devoir de le conserver intact. La rente 4 1/2 avait aussi dépassé le pair, et la considération que nous venons d'exposer lui était également applicable. Nous avons médité avec quelque préférence l'idée de mettre en adjudication des rentes 4. pour 100 ; mais l'emprunt est un contrat parfaitement libre : l'un des contractans ne peut pas imposer à l'autre la loi de ses convenances ; nous avons dû pressentir celle des capitalistes, et je n'ai pas tardé à me convaincre que la rente 4 pour 100 n'était pas la valeur sur laquelle il fût possible d'asseoir un emprunt dans les circonstances actuelles. Trop près du pair, elle n'offrait pas dans une mesure suffisante cette mieux-value éventuelle que recherchent les prêteurs. Il était à prévoir que, pour accroître cette éventualité, on ne vous offrirait qu'un prix fort inférieur à la valeur intrinsèque de l'effet dont il s'agit. Une création de rentes 3 1/2 pour 100 ne se présentait pas avec des garanties de succès. L'impossibilité de juger à l'avance si ces rentes seraient bien ou mal accueillies sur le marché, la difficulté d'apprécier la valeur vénale d'un nouveau fonds émis dans d'étroites limites, et qui n'avait pas eu cours en France, laissaient trop d'incertitude dans les esprits ; les prêteurs n'auraient pas manqué de se mettre à couvert des risques par des offres insuffisantes. Restait la rente 3 pour 100.

« L'adjudication a été faite au prix nominal de 78 fr. 52 cent. 1/2 pour 3 francs de rentes, et au prix réel de 76 fr. 75 cent. en tenant compte, à l'intérêt de 4 pour 100, des facilités de paiement qui ont été accordées. En d'autres termes, l'état s'est constitué débiteur, pour les 150 millions qu'il reçoit, d'un capital nominal de 195,440,000 fr. portant intérêt à 3 pour 100. Si tout ce capital nominal devait être racheté au pair, dans une période de quarante années, il en coûterait à l'état quarante annuités chacune de 8,422,000 fr., et en somme totale 336,920,000 fr. Supposons maintenant un emprunt fait en rentes 5 pour 100 au pair, pour être amorti dans le même temps de quarante années au pair ; l'état aurait à payer quarante annuités, chacune de 8,708,000 fr., et en somme totale 348,320,000 fr. D'où il suit que l'emprunt fait en rentes 3 pour 100, comparé à un emprunt en rentes 5 pour 100 au pair, présente une économie totale de 11,400,000 fr., dans l'hypothèse même où l'état rachèterait au pair tout le capital nominal dont il s'est constitué débiteur.

« L'opération, envisagée sous d'autres points de vue, n'est pas moins satisfaisante. La France, après cinquante années de révolution, de succès et de revers, a emprunté à l'intérêt de 3 fr. 91 cent., quand naguère l'Autriche négociait à moins du pair ses obligations métalliques, portant 5 pour 100 d'intérêt ; quand un emprunt à 4 pour 100 proposé par la Russie était offert à 87 ; quand la Hollande, encore riche des capitaux amoncelés, ne place ses rentes 2 1)2 pour 100 qu'à 51 et 52. »

Nous avons reproduit, avec quelque étendue, l'opinion de M. Humann, à cause de sa valeur critique, et parce qu'elle met à nu l'infirmité des bases sur lesquelles repose en France le crédit public. Certes, à ne considérer que la situation relative de l'Angleterre et de la France, le 3 pour 100 anglais ne vaut pas 97 fr., ou le 3 pour 100 français vaut plus de 82 fr. ; car, si la valeur d'un effet public se mesure à la sécurité qu'offre le placement, il n'y a pas au monde une dette plus sûrement hypothéquée que la nôtre, ni qui ait devant elle plus d'espace et plus d'avenir. Le revenu de la France égale, à peu de chose près, celui de la Grande-Bretagne [5], mais il s'en faut que les charges permanentes, celles qui ne comportent pas de réduction, que la dette, en un mot, pèse du même poids sur les deux pays. L'intérêt à payer aux créanciers de l'état en Angleterre excède annuellement 740 millions de francs, l'amortissement non compris, soit 57 pour 100 du revenu. La dette flottante et la dette fondée, si l'on en distrait l'amortissement et les rentes rachetées, ne s'élèvent guère en France qu'à 200 millions de francs, soit à 15 pour 100 du revenu. Ajoutons qu'une grande partie des recettes du trésor provenant chez nous de l'impôt direct, le revenu n'est pas susceptible, en temps de crise, de la même diminution que de l'autre côté du détroit, où les causes qui paralysent la consommation restreignent aussi la matière imposable et tarissent de cette manière les ressources de l'Échiquier.

Ainsi, comme valeur de placement, le 3 pour 100 français est naturellement supérieur au 3 pour 100 anglais ; et celui-ci étant coté à 96, celui-là devrait atteindre le pair. D'où vient cependant que les fonds anglais gardent sur les nôtres un avantage qui n'a jamais été moindre que 10 pour 100, et qui est en ce moment de 18 pour 100 ? Au reste, ce n'est pas seulement le crédit de l'Angleterre qui devance aujourd'hui celui de la France ; de petits états du continent, qui n'ont ni une existence politique solide, ni des finances à l'abri d'une commotion, voient leurs fonds publics accueillis sur les marchés avec une grande faveur. Le 4 pour 100 prussien est coté à 103, et les bons du trésor (schulds-scheine), portant un intérêt de 3 1/2 pour 100, à 104 5/8. Le 3 1/2 pour 100 de Francfort est coté à 104 5/8, c'est-à-dire plus cher que le 3 1/2 pour 100 anglais, qui est à 102 ; celui de Bavière est à 101, et celui de Bade à 96 1/2.

Quelles sont les causes qui dérangent la progression naturelle de notre crédit, et qui le rejettent, dans l'échelle des valeurs, au-dessous non-seulement de l'Angleterre, mais même de la Prusse, de la Bavière, du duché de Bade et de la ville de Francfort ? M. Humann les a fait pressentir ; il n'est pas hors de propos d'insister.

L'Angleterre et quelques autres états de l'Europe ont réduit l'intérêt de leur dette, toutes les fois que le taux des fonds publics a dépassé le pair [6] ; par là, le crédit public a été mis en rapport avec les progrès du crédit privé.

La France est peut-être le seul pays de l'Europe où l'on ait procédé au rebours de ces données du bon sens, et où le gouvernement ait entrepris de résister à ce mouvement de la richesse qui produit partout la baisse de l'intérêt. On s'obstine à garder, malgré le cri public qui en provoque la conversion, trois fonds qui ont dépassé le pair, le 5 pour 100, le 4 1/2 pour 100 et le 4 pour 100. Et comme ces fonds, par la seule force des choses, restent en même temps sous le coup d'un remboursement, ils se trouvent comprimés, perdent toute élasticité, et n'ont plus que des cours fictifs qui ne répondent pas au prix réel de l'argent. Le 5 pour 100 pèse sur le 4 pour 100, qui pèse à son tour sur le 3. Et, ce qui est plus grave, les fonds publics, au lieu de servir d'étalon au taux de l'intérêt, au lieu de primer toutes les valeurs dans le pays, sont le plus souvent à meilleur marché que les valeurs commerciales et que les propriétés foncières. Quand la banque de France prête sur papier de commerce à 4 pour 100, et quand la rente de la terre n'est guère que de 2 à 3 pour 100, le 5 pour 100, même au prix déraisonnable de 122 fr., représente 4 et 1/8 polir 100.

Nous ne doutons pas que, si le 5 pour 100, le 4 1/2 pour 100 et le 4 pour 100 étaient convertis, le 3 pour 100 français, que l'on a déjà coté à 86 fr. en 1840, s'élevât promptement à 90. Mais dans l'état de malaise où est encore aujourd'hui le crédit public, le gouvernement doit se féliciter d'avoir emprunté 150 millions, en octobre 1841, au taux nominal de 78 fr. 52 c. 1/2. Ce qui le prouve, c'est que, malgré les efforts combinés des maisons puissantes auxquelles l'emprunt fut alors adjugé, et malgré l'emploi d'un amortissement qui équivaut presque à 3 pour 100 du capital nominal, le nouveau fonds est demeuré long-temps stationnaire, et ne s'élève guère, après dix-huit mois, à plus de 3 fr. 50 c. au-dessus du taux d'émission.

Ce fut peut-être une faute d'annoncer l'emprunt aussi long-temps à l'avance, si le trésor, comme l'avoue M. Humann, voyait l'argent affluer dans ses caisses ; ce fut une faute plus grande, d'en fractionner l'émission. En 1841, le trésor aurait emprunté 300 millions aussi bien que 150, et au même taux. Aujourd'hui que l'expérience est faite, et que les banquiers ont eu le temps de reconnaître que le 3 pour 100 n'a pas, dans l'état des choses, l'élasticité qu'ils supposaient à ce fonds, on peut craindre qu'ils ne se montrent moins faciles et moins empressés. Une pareille disposition des esprits ne devait pas échapper à M. le ministre actuel des finances ; aussi renonce-t-il à négocier pour long--temps, c'est l'expression officielle, le surplus de l'emprunt de 450 millions.

Ce qui fait la difficulté d'un emprunt en 3 pour 100 cn France, c'est que cet effet n'a pas ou n'a que très peu de preneurs parmi les rentiers. Tant que ceux-ci trouvent à acheter du 5 ou du 4, ils ne recherchent pas même s'il existe un fonds dans lequel l'augmentation possible du capital compense le taux moindre de l'intérêt. De là vient que le 3 pour 100 ne se classe pas, et qu'il n'est guère qu'une valeur de spéculation. Voilà pourquoi aussi il monte et baisse plus rapidement que le 5 pour 100. Lorsque les banquiers, qui en sont détenteurs, en ont plein leurs portefeuilles, toute émission supplémentaire doit déprécier cette marchandise et encombrer le marché.

Faut-il conclure, des réflexions qui précèdent, que M. le ministre des finances agit prudemment en rejetant sur la dette flottante, ne fût-ce que pour un temps, les dépenses auxquelles devait subvenir le surplus de l'emprunt ? Telle n'est pas notre pensée. Si une émission de rentes 3 pour 100 rencontre en ce moment de trop grandes difficultés, il doit être possible, en dépit de la constitution vicieuse de notre crédit, d'obtenir le concours des capitalistes, au moyen de quelque autre combinaison. Ce serait un phénomène par trop étrange que celui d'un état comme la France renonçant à faire appel au crédit, pendant que le duché de Bade et la Bavière, des états nouveaux venus sur la scène politique, que les traités ont faits et qu'ils peuvent défaire, trouvent des prêteurs à un taux inespéré.

La dette flottante est un moyen de service pour le trésor ; il ne faut pas en faire une machine à emprunts. La dette flottante est destinée soit à couvrir l'arriéré des caisses, soit à représenter les avances des agens comptables au gouvernement sur les produits de l'impôt qu'ils ont à recouvrer. On la détourne de sa destination naturelle, quand on s'en sert pour appeler les capitaux que l'on veut retenir ensuite dans la dette fondée.

En Angleterre, où les emprunts ne se font pas de la même manière qu'en France et sur le reste du continent, lorsque la dette flottante atteint des proportions trop considérables, le gouvernement annonce qu'il en consolidera une partie à de certaines conditions ; et telle est l'affluence des capitaux, telle est la difficulté des placemens, que l'opération manque rarement son effet. Rappelons cependant que la dernière tentative de ce genre a dû être reprise à deux fois, et que M. Spring-Rice y avait échoué avant que M. F. Baring réussît.

Mais, dans un pays comme le nôtre où les preneurs des bons du trésor ne sont pas les capitalistes qui achètent des rentes, et où les emprunts, au lieu de se faire par souscription, sont adjugés à des banquiers qui en entreprennent le placement, un ministre ne peut pas à volonté verser le trop plein de la dette flottante dans la dette fondée ; et ce sera toujours une opération imprudente que d'enfler outre mesure, en vue d'un emprunt ultérieur, les dimensions d'une dette à terme, dont les créanciers du trésor, dans un moment de crise, refusent souvent de renouveler le contrat.

La dette flottante en Angleterre s'est élevée en 1805 à un capital de 1,450 millions de francs. Elle oscille habituellement entre 6 et 800 millions. Cette somme colossale n'es pas hors de proportion avec le capital de la dette fondée, ni même avec la masse des capitaux disponibles sur le marché. Si l'on tient compte de la différence des habitudes, de l'inégalité de richesse, et de la modération relative de notre dette fondée, on trouvera que, lorsque l'Angleterre emprunte 700 millions sur les bons émis par l'Échiquier, c'est assez pour la France de porter sa dette flottante à 350 ou à 400 millions.

Il s'en faut de beaucoup que l'administration renferme aujourd'hui dans ces limites les obligations à terme du trésor. Notre dette flottante, qui était au 1er janvier 1841 de 365,890,367 fr., s'élevait déjà à 49,920,829 fr. le 1er janvier 1842. M. Lacave-Laplagne demande, pour 1844, l'autorisation de la porter à 476 millions ; et, en supposant que la dette flottante continue à faire le service des découverts, il y aura nécessité de l'étendre en 1845 jusqu'à 550 ou 560 millions.

Voilà ce qui nous paraît un danger réel dans la situation. Un gouvernement perd la liberté de se mouvoir au dedans comme au dehors, quand il a tendu à ce point tous les ressorts du crédit. C'est un débiteur qui se voit incessamment sous le coup d'une contrainte par corps. Dans quelle entreprise en effet oserait-il s'aventurer, sachant que ses créanciers peuvent, d'un moment à l'autre, lui demander le remboursement de sommes qui s'élèvent à 400 ou 500 millions, pendant que sa réserve en espèces n'excède pas habituellement 80 à 100 millions ?

Le péril s'aggrave d'ailleurs en ce que la dette flottante, qui était dans l'origine une dette à terme, perd insensiblement ce caractère pour se transformer en une dette à vue. Au lieu de se composer uniquement des avances des receveurs-généraux et des capitaux prêtés sur des bons du trésor à échéance de trois, six, neuf mois et même d'un an, elle est assise déjà pour moitié sur des comptes courans et sur des dépôts dont la somme peut varier du jour au lendemain, au gré ou selon les besoins des déposans.

Au 1er janvier 1830 [7], la dette flottante s'élevait à 270 millions. Elle représentait les fonds déposés par les communes pour 65,874,000 fr. ; les dépôts de diverses administrations spéciales et établissemens publics, pour 28,325,000 francs ; les avances des comptables, pour 32,437,000 francs, et enfin les engagemens à terme du trésor, pour 143,551,000 fr. Ainsi, en 1830, les avances des comptables et les prêts à terme, la partie solide de la dette flottante, y figuraient pour 176 millions sur 270, soit 65 pour 100, tandis que les comptes courans des communes et autres établissemens, la partie mobile de cette dette, y comptaient pour 94 millions, soit 35 pour 100. En 1842, nous allons trouver cette proportion renversée. Prenons le compte des finances pour l'année 1841. Au 1er janvier 1842, la dette flottante s'élevait à près de 450 millions, dont voici la décomposition :

Bons du trésor remis à divers   123,680,710
Bons à la caisse d'amortissement   32,181,480
Traites et mandats   28,692,120
Avances des comptables   54,162,476
TOTAL   238,716,786
Comptes courans et dépôts des communes   126,416,258

Caisse des dépôts et consignations   25,783,713
Fonds non employés des caisses d'épargne   31,188,000
Caisse des invalides, etc. près de29,000,000
Etc., etc…
TOTAL   211,203,841

Il résulte de ce relevé que les bons du trésor remis à divers porteurs, qui représentaient, en 1830, 52 pour 100 de la dette flottante, n'y figurent plus que dans la proportion de 22 pour 100, tandis que les effets à payer, qui composaient, en 1830, les 65 centièmes de la dette flottante, n'en sont plus que les 52 centièmes en 1842, et les 49 centièmes si l'on retranche des deux termes les bons remis à la caisse d'amortissement. Les comptes courans au contraire se sont élevés de 94 millions à 211 millions, et au lieu de 35 pour 100, ils représentent 47 pour 100.

Ce revirement dans les sources auxquelles puise la dette flottante a des conséquences que l'on appréciera plus sainement, si l'on envisage les relations du trésor avec les autres caisses publiques et notamment avec la Banque de France, ainsi qu'avec la caisse des dépôts et consignations.

La caisse des dépôts et consignations ne fut d'abord qu'une tutelle exercée par le gouvernement, un moyen de conserver les capitaux retirés de la circulation par un litige, ou arrêtés temporairement par l'autorité dans les mains des débiteurs. Ces fonds ne s'élevaient guère, dans l'origine, qu'à 100 et quelques millions de francs ; et, comme les nouveaux dépôts venaient régulièrement combler le vide opéré par le retrait de ceux dont le terme était expiré, les capitaux que la caisse des consignations plaçait sur le trésor n'exposaient pas l'état à de brusques demandes de remboursement. Mais depuis que cet établissement est chargé du service des caisses d'épargne, et qu'il dispose à ce titre d'un capital incessamment remboursable de 300 millions, ses relations avec le trésor ont cessé de présenter à l'un et à l'autre le même degré de sécurité.

Au 30 novembre 1842, la caisse des dépôts et consignations avait reçu plus de 400 millions, dont 286 provenaient des versemens faits dans les caisses d'épargne. Sur cette somme, 250 millions étaient placés en rentes ou en actions des canaux ; 68 étaient représentés par des prêts à terme faits au trésor, aux départemens ou à des établissemens publics ; 100 millions étaient déposés au trésor, en compte courant. A la fin de janvier 1843, les fonds des caisses d'épargne s'élevaient à 306 millions, dont 200 millions placés en rentes, et 106 millions remis au trésor, en compte courant. Or, cet emploi, que la caisse des dépôts fait des capitaux de l'épargne, elle le fait à ses risques et périls. Aux termes du contrat, les déposans peuvent retirer leurs fonds dans les huit jours, et la caisse des dépôts est tenue de les restituer. L'opération consiste donc en ceci que des capitaux incessamment exigibles sont colloqués dans des placemens à terme ou à perpétuité ; ce rapprochement suffit pour en indiquer le péril. Dans un moment de panique, il peut arriver que les déposans se présentent en foule pour redemander leurs fonds, et que la caisse alors se trouve dans l'alternative de vendre des rentes à un taux souvent inférieur au prix d'achat, ou de retirer du trésor les capitaux déposés en compte courant, peut-être même de recourir à la fois à ce double expédient, et de provoquer ainsi de graves embarras. Or, il ne faut pas l'oublier, la caisse des consignations engage la responsabilité du trésor ; elle n'est que le trésor sous une autre forme, et ses embarras doivent en définitive retomber sur l'état. C'est principalement pour obvier à ce danger que le trésor laisse dormir dans les caves de la Banque une réserve qui, depuis cinq ans, n'a jamais été au-dessous de 87 millions, et qui s'est élevée jusqu'à 193 millions. Ces fonds ne produisent pas d'intérêt, et il arrive ainsi que le trésor paie aux déposans des caisses d'épargne un intérêt de 4 pour 100 pour des capitaux dont il ne fait aucun emploi.

L'influence qu'un tel état de choses exerce sur le régime de la Banque de France n'est pas moins fâcheuse : elle tend à modifier profondément, sinon à dénaturer la constitution de ce grand établissement. Les banques de circulation et de dépôt sont instituées pour prêter aux gouvernemens, et non pour leur emprunter. Le gouvernement ne doit pas commanditer les banques, car il deviendrait ainsi responsable de leurs opérations, et finirait par trouver qu'ayant la responsabilité de ces actes, il peut bien se charger de les diriger ; la Banque ne tarderait pas à se confondre ainsi avec l'état.

En Angleterre, la Banque de Londres est le principal preneur des bons de l'Échiquier ; non-seulement elle en reçoit, en garantie des avances qu'elle fait au gouvernement anglais sur le recouvrement des revenus publics, mais elle prend encore une grande partie de ceux qui sont émis pour le service de la dette flottante, et qui sont d'ailleurs très recherchés des, banquiers, comme étant le fonds le moins exposé à recevoir le contre-coup des évènemens et à subir une forte dépréciation.

La Banque de France a rempli les mêmes fonctions depuis qu'elle est régulièrement constituée ; mais les avances qu'elle faisait au trésor n'étaient pas représentées, avant 1815, par des bons négociables à volonté. Depuis cette époque, elle a régulièrement prêté à l'état une partie du capital de la dette flottante jusqu'en 1836, où le trésor cessa d'être débiteur de la Banque pour devenir son créancier. Le compte courant du trésor présentait en sa faveur un solde de 36 millions à la fin de 1836, de 112 millions à la fin de 1837, de 166 millions à la fin de 1838, de 169 millions à la fin de 1839, de 116 millions à la fin de 1840, et de 104 millions k la fin de 1841 ; en 1842 le minimum avait été de 97 millions, et le maximum de 145.

Ainsi, avant 1836, la Banque prêtait au trésor, à l'aide des dépôts que les capitalistes faisaient dans ses caisses ; depuis bientôt dix ans, la Banque prête aux capitalistes, à l'aide des dépôts du trésor. Cet établissement voit sa clientèle de prêteurs se réduire d'année en année ; les fonds déposés à la

Banque en compte courant pur les particuliers, qui s'étaient élevés à 111 millions en 1823, à 117 en 1825 et à 106 en 1831, n'ont pas cessé de décroître depuis 1837, comme on le verra par le tableau qui suit :

Comptes courans	Minimum	Maximum
1837	51 millions.	90 millions.
1838	43	81
1839	41	69
1840	44	90
1841	32	63
1842	32	50

Comme le trésor, en se faisant créancier de la Banque, éloigne les autres prêteurs, l'argent versé par le trésor dans les caisses de la Banque en repousse les capitaux qui affluaient de tous les côtés vers ce puissant réservoir. Les encaisses de la Banque n'augmentent pas avec les versemens du trésor, et par contre ils ne diminuent pas à mesure que le trésor opère le retrait des fonds déposés. « Au 31 décembre, dit le compte-rendu de 1840, l'encaisse se trouve dépasser de près de 20 millions celui du 6 janvier 1840, bien qu'à la première de ces époques le trésor fût créditeur de 170 millions, et qu'à la seconde sa créance se trouvât réduite à 114 millions. » Un autre fait non moins significatif est celui-ci : « Au 31 décembre 1839, la réserve en espèces s'élevait à 213 millions, dans lesquels les dépôts du trésor figuraient pour 169 millions, tandis qu'en décembre 1831 et 1832, époque où le trésor était débiteur de la banque, la réserve dépassait 265 millions dans la première année, et dans la seconde 281 millions. »

Il nous paraît donc constant que la Banque trouverait d'autres prêteurs ou commanditaires, à défaut du trésor. Elle gagnerait à ce changement d'établir un courant d'affaires plus régulier entre elle et le public, et elle redeviendrait ainsi ce qu'elle n'aurait jamais dû cesser d'être, un intermédiaire entre les capitalistes, le commerce et l'état. Quant au trésor, s'il doit emprunter à quelqu'un, il vaut mieux que ce soit à la Banque, qui est le prêteur le plus commode et celui qui peut attendre le plus long-temps. En prenant à 4 pour 100 les fonds des caisses d'épargne, dont le remboursement est exigible à toute heure, pour les déposer sans intérêt à la Banque, qui n'en a aucun besoin, et qui prêterait bien plutôt à l'état sans l'obliger à tenir en caisse une réserve improductive, le gouvernement se livre à l'opération la plus détestable comme la plus insensée.

La prudence veut que l'on supprime ou que l'on diminue le compte courant des caisses d'épargne avec le trésor. Ces sommes seraient avantageusement remplacées dans la dette flottante par des bons à terme que l'on négocierait à la Banque ou aux particuliers. Quant aux fonds de l'épargne, pourquoi ne pas s'en servir pour développer les grands travaux d'ordre public ? Ce que l'état doit aux déposans, qui sont des membres de la classe ouvrière et par conséquent des mineurs, c'est sa garantie, ce n'est pas l'intérêt des fonds déposés. Que les chambres autorisent la caisse des consignations à prêter aux compagnies de chemins de fer à raison de 4 1/2 pour 100, et que l'état se rende garant du paiement des intérêts, ainsi que de l'amortissement ; cette combinaison aura le mérite d'accroître le revenu de l'épargne sans diminuer la sécurité des placemens. Dans un pays où les capitaux sont divisés et où ils ne peuvent rien que par l'association, exécuter les chemins de fer avec les épargnes prélevées par les classes laborieuses sur le salaire de chaque jour, ce serait presque réaliser le beau idéal d'une situation dont la France n'a connu jusqu'ici que les inconvéniens et les ennuis.

BUDGET

Nous venons d'exposer l'état de nos finances tel qu'il paraît devoir être à la fin de 1843. Il en résulte que le découvert du trésor sur les dépenses ordinaires sera de 230 millions. Quant aux dépenses extraordinaires, celles que l'on se propose de couvrir par les ressources de la dette flottante et par l'emprunt, elles s'élèvent à 645 millions. Voyons maintenant ce que le budget de 1844 doit ajouter à ce découvert ou en retrancher.

« Les crédits qui vous sont demandés pour le service ordinaire du budget, dit M. le ministre des finances [8], s'élèvent à 1,281,013,710 fr. Les évaluations de recettes montent seulement à 1,247,228,366 fr., d'où résulte, sur le service ordinaire, un découvert de 33,785,344 fr.

« En réunissant aux recettes et aux dépenses les 80 millions à prendre sur l'emprunt, et aux dépenses les 43,500,000 fr. des chemins de fer, on arrive à un total général de 1,406,513,710 fr. pour les dépenses, de 1,327,228,366 fr. pour les recettes, d'où 77,285,344 f. à demander à la dette flottante. »

Nous avons séparé, dans nos appréciations, le domaine de l'extraordinaire des charges annuelles du budget. Nous persisterons dans cette méthode, en nous bornant à faire remarquer que, si les chambres sont appelées à voter dans la présente session les fonds nécessaires à l'exécution d'une ou deux grandes lignes de chemins de fer, les besoins de l'extraordinaire pourront s'augmenter d'au moins 100 millions et s'élever ainsi à 750 millions, nouvelle charge pour la dette flottante dans le système du gouvernement.

Quant au budget ordinaire de 1844, qui présente dès son ouverture un déficit de près de 34 millions, on peut raisonnablement admettre, ainsi que nous l'avions déjà fait pressentir, que les crédits supplémentaires, dont les ministres ne sont pas avares, le porteront avant la fin de l'année à 60 millions. L'évaluation des revenus pour 1844 a été basée sur les recettes de 1842. Or, il est assez probable que la progression du revenu public, qui n'a pas même été arrêtée par les évènemens de 1840, continuera à suivre son cours, et que les recettes de 1844 excéderont d'au moins 140 millions celles de 1842. Ainsi, l'exercice 1844 se solderait par un déficit de 20 millions qui, ajoutés au découvert des années précédentes, le porteraient à 250 millions. La situation du trésor et celle du pays n'en seraient pas sensiblement modifiées.

Ce qui nous alarme dans ce résultat, c'est moins un déficit de 20 millions, c'est moins le budget de 1844 lui-même, que les erremens financiers dont il est la conséquence, et qui, présentés d'abord comme le produit de circonstances exceptionnelles, tendent à devenir un état de choses permanent ; c'est que l'on régularise le désordre, au lieu d'y mettre un terme ; c'est que, malgré l'accroissement prodigieux et continu du revenu public, l'on ne soit pas encore parvenu à rétablir l'équilibre entre les dépenses et les recettes ; c'est enfin qu'au milieu de ce luxe inouï d'allocations, qui élève le budget ordinaire à 1,300 millions, il ne soit pourvu que d'une manière insuffisante aux services les plus essentiels.

1830 - 1843

Le gouvernement a compris que cette élévation des dépenses le rendait suspect, aux yeux de la France, de dissipation et de prodigalité. Il a voulu aller au-devant des reproches, et, dans l'espoir de prouver que l'accroissement du budget avait été amené, non point par des fantaisies stériles, mais, comme le dit M. le ministre des finances, par les besoins d'une civilisation avancée, il a fait distribuer aux chambres un état de comparaison entre le budget de 1843 et celui de 1830, et, pour tout dire, entre l'administration actuelle et l'administration des Bourbons. Les rapprochemens auxquels on se livre dans ce tableau ont un grand intérêt de curiosité ; ils présentent, en quelque sorte, le bilan, des améliorations et des charges que la révolution de 1830 a apportées au pays. Mais, en prenant acte des améliorations, nous sommes loin de considérer toutes les charges comme également nécessaires, et nous n'acceptons que sous bénéfice d'inventaire les tableaux, que le ministère a dressés. En voici le résumé.

BUDGET DES RECETTES

Ministères et services	Budget de 1843	Budget de 1830	Différences au budget de 1843 en plus	Différences au budget de 1843 en moins
Contributions directes	402,012,768	327,562,684	74,450,084	«
Enregistrement, timbre, domaines	237,041,110	186,295,000	50,746,110	«
Produits des forêts et de la pêche	34,862,000	29,695,111	5,166,889	«
Contributions indirectes, tabacs et poudres	252,581,000	213,185,000	39,296,000	«
Douanes et sels	193,227,000	165,190,000	28,037,000	«

Produits des postes   48,393,000   30,523,000   17,870,000   «
Produits universitaitres   4,084,482 «   4,084,482 «
Loterie   «   12,500,000   «   1 2,500,000
Produits des jeux   «   5,500,000 «   5,500,000
Salines et mines de sel de l'est   «   1,800,000 «   1,800,000
Produits éventuels du service départemental   11,400,000   746,340
    10,653,660   «
Produits et revenus de l'Algérie 2,440,000 «   2,440,000 «
Prod. de la rente de l'Inde 1,050,000 «   1,050,000 «
Recettes des colonies 5,994,000 «   5,994,000 «
Produits divers du budget 13,188,000   6,790,000 6,398,000 «
Ressources exraordinaires 75,000,000   «   75,000,000   «
TOTAUX 1,281,173,360 979,787,135   321,186,225   19,800,000
Différence en plus au budget de 1843   301,386,225

Le budget des recettes de 1843 excède celui de 1830 de 301 millions, et de 226 millions seulement, si l'on en déduit les 75 millions de ressources extraordinaires prélevés sur l'emprunt ; d'un autre côté, il faudrait retrancher du budget de 1830, pour rendre les termes de la comparaison plus exacts, le produit des impôts qui ont été supprimés, de la loterie, des jeux, des boissons, etc., produit qui s'élève 60 millions. En dernière analyse, l'augmentation réelle des revenus, de 1830 à 1843, serait de 286 millions, dont 168 proviennent de l'extension qu'a prise la matière imposable ; 100, des changemens apportés aux tarifs et des centimes additionnels ; 18 millions enfin représentent le produit des services rattachés pour ordre au budget de l'état.

L'accroissement des produits de l'impôt indirect, si l'on tient compte de la réduction de 31 millions sur les boissons, a été d'environ 200 millions de 1830 à 1841, année qui a servi de base aux évaluations du budget de 1843. L'augmentation avait été de 157 millions pendant les doute années qui s'écoulèrent de 1816 à 1828 [9]. Ainsi, le progrès du revenu s'est opéré sous la restauration dans la proportion de 13 millions par an, et à raison de 18 millions par an, depuis la révolution de juillet.

Les progrès du revenu public représentent-ils bien exactement ceux de la richesse dans le pays ? Le gouvernement aurait-il pu les développer davantage par des tarifs sagement pondérés ? C'est une question que nous aurons à examiner plus loin. Il suffit de constater ici, pour montrer à quel point la prévoyance ou la fermeté du pouvoir a été mise en défaut par les évènemens, que la progression des dépenses a été plus que double de celle du revenu. C'est ce que M. le ministre des finances prouve lui-même jusqu'à l'évidence par le tableau suivant :

BUDGET DES DÉPENSES

Ministères et services Budget de 1843   Budget   de   1830

Différences au budget de 1843 en plus   Différences au budget de 1843 en moins

Dette consolidée et amortissement   264,174,531   245,513,065   18,631,466   «

Emprunts spéciaux pour canaux et travaux divers   10,445,300   7,834,255   2,611,045   «

Intérêts de capitaux remboursables à divers titres   23,250,000   15,000,000   8,250,000   «

Dette viagère   62,558,000   65,938,350   «   3,380,350

Dotations   15,970,000   36,800,000   «   20,830,000

Ministère de la justice   20,393,875   19,519,020   864,855   «

Ministère des cultes   37,485,544   36,623,200   862,344   «

Ministère des affaires étrangères   8,453,291   8,116,000   337,291   «

Ministère de l'instruction publique   16,493,233   3,576,700   12,916,533   «

Ministère de l'intérieur   97,996,107   54,814,917   43,181,190   «

Ministère de l'agriculture et du commerce   13,055,507   9,256,283   3,799,224   «

Ministère des travaux publics (serv. ordin.)   53,410,900   33,770,745   19,640,155   «

« (serv. extrad.)   69,320,000   «   69,320,000   «

Ministère de la guerre (serv. ord.)   294,810,792   187,138,250   107,702,512   «

« (serv. extraord.)   35,740,000   «   35,740,000   «

Ministère de la marine (serv. ord.)   102,465,876   65,109,900   37,355,976   «

« (serv. extraod.)   4,440,000   «   4,440,000   «

Ministère des finances   17,126,380   20,468,955   «   3,342,575

Frais de régie et de perception   142,380,741   121,370,842   21,009,899   «

Remboursemens et restitutions, etc..   63,261,300   41,949,397   21,311,903   «

TOTAUX   1,353,261,377   972,839,879   407,974,423   27,551,925

Différence en plus au budget de 1843   380,421,498

La différence de 380 millions, qui ressort de la comparaison des deux budgets, provient d'une augmentation de dépenses de 496 millions atténuée par une diminution de 116 millions.

Cette réduction se décompose ainsi qu'il suit : annulation des rentes rachetées, 36 millions ; diminution de la dette viagère, 13 millions ; réduction de la liste civile et de la subvention accordée à la Légion-d'Honneur, 21 millions ; réduction de dépenses résultant de l'achèvement ou de la suppression de plusieurs services, et notamment de la garde royale,

24 millions ; économies réalisées sur les dépenses de personnel et de matériel, 18 millions. Ainsi, par le fait de la révolution de juillet, une économie de 116 millions a été obtenue dans les dépenses, et les besoins du budget, tel que la restauration l'avait fixé pour l'année 1830, se sont trouvés réduits de 972 à 856 millions. Le gouvernement a donc créé, depuis 1830, pour 496 millions de dépenses nouvelles, et même pour 542 millions, si l'on ajoute aux prévisions du budget de 1841 les 46 millions de crédits supplémenta ires que prévoit M. le ministre des finances dans l'exposé qui précède le budget de 1844. En admettant ces calculs, les dépenses se seraient accrues, depuis 1830, d'environ 42 millions par année.

Une partie de cet accroissement est purement temporaire, nous voulons parler des dépenses qui ont pour objet l'achèvement de nos voies de communication et le matériel de nos arsenaux ; d'autres allocations résultent de la nécessité de tenir dans un état plus imposant la force défensive et offensive qui fait la sécurité du pays. Le reste représente les fautes et les fantaisies de l'administration.

La restauration avait désarmé la France et avait pour ainsi dire laissé son territoire en friche ; l'armée se trouvait réduite à 224,000 hommes et à 46,000 chevaux ; nos armemens maritimes étaient représentés par 128 bâtimens de guerre et de transport, parmi lesquels on comptait un seul vaisseau de ligne et que montaient à peine 13,000 matelots ; les places fortes et le matériel des arsenaux, étaient dans le plus déplorable abandon. Même négligence pour les travaux qui intéressent la viabilité du sol les routes se dégradaient d'année en année, les rivières et les ports restaient à l'état de nature, le budget des ponts-et-chaussées s'élevait à un peu moins de 34 millions ; il est aujourd'hui de 53 millions. En 1821 et 1822, la restauration, tardivement émue de notre infériorité sur ce point, entreprit six cents lieues de canaux dont le plan fut conçu sans beaucoup de discernement et l'exécution conduite avec bien peu de vigueur. Aujourd'hui, l'on ne saurait évaluer à moins d'un milliard les sommes qui ont été extraordinairement consacrées, par l'état ou par les départemens depuis 1830, à développer les voies de communication.

En supposant que l'augmentation réelle des dépenses de 1843, comparées à celles de 1830, ne soit que de 496 millions, il convient d'en indiquer les élémens tels que les présente le résumé que le ministre des finances vient de publier. Nous les classerons sous deux chefs :

	Dépenses productives	Dépenses improductives ou de l'arriéré
Travaux publics, ordinaires et extraordinaires	87,798,455	«
Travaux militaires	42,394,000	«
Dépenses départementales	59,195,594	«
Occupation de l'Algérie	47,708,225	«
Accroissement de l'effectif de la guerre et de la marine	69,702,772	

«

Accroissement de la dette «   75,769,453   +

Augmentation de solde et traitemens «   24,910,480   +

Création et entretien de divers services (instruct. Publ.)   9,542,533
    36,951,260   = 137,631,193

Accroissement de frais de perception«   24,253,965   +

Services rattachés au budget   «   18,350,274   = 42,605,240

TOTAUX 316,401,579   180,236,433

En retranchant des dépenses improductives l'accroissement des frais de perception et les services rattachés pour ordre au budget, qui sont compensés par un accroissement égal dans les recettes, ou reconnaît que, sur 453 millions, les dépenses productives, celles qui ajoutent à la puissance ou à la richesse de la France, excèdent à peine 316 millions [10]. Ces dépenses elles-mêmes, toutes nécessaires qu'elles sont, ne pouvait-on pas les entreprendre successivement, au lieu de s'y livrer simultanément ? Sont-elles, en tout cas, le dernier mot des améliorations qu'exige la bonne gestion des intérêts publics ? Le chiffre des dépenses actuelles est-il une limite extrême que l'on ne franchira pas à l'avenir ? voilà ce que nous discuterons avec plus de fruit, en prenant pour base le budget de 1844 qui augmente encore les charges prévues par celui de 1843.

Nous avons déjà fait remarquer que le budget ordinaire de 1844 s'ouvrait en déficit, et cela sans pourvoir suffisamment aux services les plus essentiels. C'est le cas de rappeler les paroles que M. Huniann prononçait en présentant le budget de 1843. « Une grande nation comme la nôtre, disait ce ministre, peut supporter sans alarmes des charges accidentelles ; c'est surtout en vue de ces nécessités, que le cours des évènemens ramène à des intervalles plus ou moins longs, qu'elle s'applique à maintenir son crédit, à l'aide duquel elle peut y pourvoir. Mais, quand les ressources du pays cessent d'être au niveau de ses charges permanentes, il y aurait péril pour la chose publique à ne pas se hâter d'y porter remède. Pour y parvenir, il n'est que deux moyens : réduire les dépenses ou augmenter les revenus. La réduction des dépenses a toujours été parmi nous une tâche peu productive et qui manquait parfois son but ; les travaux annuels de vos commissions l'attestent. Ce n'est donc qu'en augmentant les produits de l'impôt que nous pouvons espérer d'aligner nos budgets. » M. Humann a trop tôt désespéré de la possibilité d'opérer des économies dans les dépenses de notre gouvernement. Qu'importent les lumières de telle ou telle administration, les dispositions de telle ou telle chambre ? Ce sont là des difficultés qui n'ont rien de radical, et dont l'expérience doit tôt ou tard triompher. Pour rétablir l'équilibre dans notre système financier, on peut tout ensemble diminuer les dépenses et augmenter les recettes. Nous allons aborder cette démonstration.

DEPENSES

Toutes les fois que les chambres ont voulu opérer des économies, elles l'ont fait non par des réformes qui auraient simplifié les rouages ou corrigé les abus administratifs, mais par des retranchemens qui portaient sans préparation sur les personnes ou sur les choses. On a rogné les appointemens de quelques employés, on a supprimé d'un trait de plume cinquante, soixante, et quelquefois cent mille hommes dans les rangs de l'armée active, on a désarmé des vaisseaux et congédié des matelots, on s'est abstenu de renouveler le matériel de nos arsenaux, on s'est cru plus riche du moment ou l'on a cessé de pourvoir aux éventualités de l'avenir, et cependant l'on n'est pas parvenu à rencontrer cette chimère que M. Humann avait rêvée le premier, l'équilibre des budgets.

Qu'en est-il résulté ? Les nécessités, que l'on avait ajournées, se sont présentées inopinément et sous la forme la plus menaçante. Le traité du 15 juillet 1840 ne nous a pas trouvés prêts à faire respecter nos droits. En moins de six mois, il a fallu improviser une marine, une armée, un matériel de guerre, des fortifications. Pour avoir reculé, pendant cinq ans, devant une dépense annuelle de 50 à 60 millions, nous en avons eu 3 ou 400 à dépenser d'un seul coup. Nous avons largement soldé l'arriéré, sans compter l'affaiblissement auquel cette politique mesquine et sans prévoyance nous a pour long-temps condamnés.

En général, les économies qui méritent ce nom ne peuvent pas venir des chambres. Toute réforme efficace suppose un système, et l'administration est seule en mesure d'apporter dans ces changemens une vue d'ensemble, de substituer un ordre à un autre, de ne pas détruire en amendant. Les assemblées délibérantes ne doivent pas prendre, en pareil cas, d'autre initiative que celle du contrôle et du conseil ; leur liberté d'action ne s'exerce véritablement que sur les détails ; le reste étant une affaire de responsabilité, il convient de le renvoyer au gouvernement.

Et par exemple, tous les bons esprits s'accordent à penser que notre administration paperassière est mal organisée pour agir. On reconnaît que tout y devient formule et formalité, que les écritures y tiennent une place énorme, que l'impulsion ne s'y renouvelle pas, et que le contrôle réel n'y existe point. Il n'est pas moins avéré que le nombre des employés s'y trouve hors de proportion avec la masse des affaires, et qu'il serait préférable d'avoir moins d'instrumens que l'on choisirait et que l'on paierait mieux. Enfin, le gouvernement n'est plus qu'une machine, lui qui devrait surtout être un moteur. Un ministre passe trois ou quatre heures par jour à donner des signatures, autant ou même davantage à recevoir des solliciteurs. Combien lui reste-t-il de temps et de forces pour les affaires de la nation ?

Voilà donc une réforme urgente, si l'on ne veut pas que le gouvernement périsse étouffé sous des montagnes de papier. Qui mettra cependant la main à l'œuvre ? Sera-ce la chambre ? Évidemment non. Tout ce qu'elle peut faire, c'est de refuser les allocations qu'on lui demande périodiquement pour donner plus d'accroissement ou plus d'importance aux bureaux, et qui cette année encore s'élèvent, pour les divers départemens ministériels, à 4 ou 5 millions. Mais il n'y a qu'un ministre, et un ministre fort, pour porter la cognée dans cet arbre pourri.

Notre administration est comme notre agriculture. Nous employons un trop grand nombre d'hommes pour les résultats que nous obtenons. La centralisation, qui est la force, la vie même de ce pays, s'affaiblit par l'extension qu'on lui attribue et se perd dans les détails. On veut que les chefs du gouvernement, ministres, directeurs, chefs de divisions, voient tout par eux-mêmes, et l'on fait passer sous leurs yeux une telle quantité d'objets, qu'ils ne les peuvent pas discerner. En donnant plus de latitude aux agens ainsi qu'aux conseils locaux, aux maires, aux préfets, aux ingénieurs en chef, aux conseils généraux, aux conseils municipaux, on diminuerait de beaucoup cette besogne de la correspondance qui ralentit et complique les affaires ; il deviendrait possible de licencier la moitié de cette armée d'employés qui seraient plus utilement appliqués à la création ou à l'échange des produits. Mais, encore une fois, il faut un grand ministre pour entamer et pour mener à fin une telle entreprise ; et cette gloire ne paraît pas avoir tenté les puissances du jour.

En dehors de la réforme administrative, il est encore d'autres moyens de diminuer les charges du pays. Le premier, et ce n'est pas le moins important, consiste à déclarer acquises toutes les extinctions de dépenses, et à n'autoriser aucune entreprise nouvelle, tant que le gouvernement n'aura pas terminé celles qui sont en cours d'exécution. Dans cet ordre d'idées, il faudrait sévèrement blâmer le cabinet qui, avant d'avoir commencé la colonisation de l'Algérie et d'en avoir achevé la conquête, va s'emparer des îles Marquises, et surcharge ainsi le budget d'une allocation annuelle de 2 millions.

Il serait bien temps aussi de mettre un frein à cette accumulation d'entreprises à laquelle se livre aujourd'hui le ministère des travaux publics. A chaque session, ce département ministériel accouche de quelque nouveau projet. Avant d'avoir terminé ses routes, il veut ouvrir des canaux ; il fait des canaux avant d'avoir rendu navigables les rivières auxquelles cette navigation artificielle doit se lier ; et, pendant que tant de travaux absorbent ses crédits et occupent ses ingénieurs, il a de plus la prétention d'exécuter les chemins de fer. Dans les chemins de fer encore, il ne se contente pas de deux ou trois grandes lignes, il lui faut un réseau de huit à neuf cents lieues. Rien ne peut se faire dans le pays qu'il n'y mette la main, et jamais monopole ne fut plus universel.

Qu'arrive-t-il ? Les 122 millions, que lui allouait le budget de 1843, ne suffisent déjà plus. Il veut que tout marche de front, et partout l'exécution se ralentit. Le trésor, fatigué des appels incessans qui lui viennent de ce côté, referme ses coffres ; de là, les doléances suivantes qu'on lit, dans le budget, au chapitre des travaux publics. « Il est douloureux pour l'administration d'entendre accuser à chaque instant la lenteur de ses opérations, lorsque cette lenteur tient presque uniquement à l'insuffisance des crédits annuels dont elle peut disposer. Elle s'est vue, en 1842, dans la pénible obligation de fermer une partie des chantiers du canal de la Marne au Rhin, et de licencier une foule d'ouvriers précisément à l'époque de l'année où elle aurait employé leurs bras avec le plus de succès : et cependant le crédit total affecté à l'ouverture du canal était loin d'être épuisé ; mais le crédit spécial de l'année était consommé. Il serait bien à désirer, pour des entreprises de ce genre dans lesquelles la célérité est à la fois une cause d'économie et de succès, il serait bien à désirer, disons-nous, que tant qu'elle n'a pas excédé les limites de l'allocation totale que les chambres ont votée, l'administration pût toujours proportionner ses ressources à' l'activité que les travaux sont susceptibles de recevoir. Ces travaux seraient ainsi mieux faits, en moins de temps, à moins de frais, et le pays viendrait plus tôt en possession des avantages qu'ils doivent créer. »

Cela serait désirable, en effet. Mais à qui revient la responsabilité des lenteurs que subit l'exécution de ces vastes ouvrages, sinon à vous qui, voulant tout faire à la fois, avez proposé aux chambres de répartir les dépenses sur un plus grand nombre d'années ? Il est utile, il est beau de sillonner le territoire de canaux et de chemins de fer ; nous ne doutons pas que la France fût plus riche et plus puissante, si elle possédait les mêmes conditions de viabilité que l'Angleterre ; et, pour atteindre ce résultat, les sacrifices ne doivent pas nous coûter. Cependant la prudence conseille de n'entamer que les travaux que l'on peut terminer promptement. Le possible est par tout pays la mesure de l'utile ; et, avant de grossir les charges de l'extraordinaire, il faudrait consulter les ressources du trésor.

Les chemins de fer sont éventuellement la charge qui doit peser le plus lourdement sur nos finances. C'est aussi celle qu'une administration prévoyante et modérée pourrait le plus aisément diminuer. Qu'importe que les compagnies qui les exploiteront les prennent à bail pour cinquante ans, ou qu'elles obtiennent une concession de quatre-vingt-dix-neuf ans ? La fortune publique est intéressée au succès des chemins de fer, et non pas à ce que l'état devienne propriétaire quelques années plus tôt d'une voie de transport dont il sera toujours obligé d'affermer l'exploitation. S'il y a donc un moyen d'appeler les capitaux particuliers et l'industrie privée à prendre la place de l'état dans l'exécution, on devra considérer ce résultat comme un double bienfait, en ce qu'il épargnera, au trésor des dépenses qui finiraient par l'accabler, et en ce qu'il secondera le développement de l'esprit d'association si nécessaire à la grandeur et à la prospérité de la France.

Ce moyen est connu, et l'expérience en a déjà montré la valeur. Il consiste à prêter ou à donner aux compagnies exécutantes le crédit de l'état au lieu de l'argent du trésor. C'est la garantie d'un minimum d'intérêt, système qui a déterminé l'achèvement du chemin de fer entre Paris et Orléans, et à l'aide duquel, ou nous nous trompons fort, cette compagnie a proposé, sans qu'on daignât l'écouter, de pousser jusqu'à Montereau l'embranchement de Corbeil.

Nous croyons fermement qu'en accordant la garantie d'un minimum d'intérêt de 4 pour 100 aux capitaux qui s'engageraient dans les chemins de fer, et en autorisant la caisse d'épargne à prêter, au taux de 4 1/2 pour cent, le supplément de capital qui serait nécessaire, on trouverait sans beaucoup de difficulté des compagnies disposées à entreprendre les lignes de Paris à Châlons-sur-Saône et de Paris à Bordeaux. Ce serait exonérer le trésor d'une charge éventuelle de 200 à 250 millions, et créer en outre, pour la richesse disponible, ce qui manque le plus en France, un placement certain.

L'exécution des chemins de fer peut fournir de plus les moyens de maintenir ou plutôt de rétablir nos forces militaires sur un pied respectable, et de les mettre en rapport avec notre situation. Aux termes du budget de la guerre, que M. le maréchal Soult propose pour 1844, l'armée se trouverait réduite à 344,000 hommes et à 84,000 chevaux ; elle se composerait de 284,000 hommes pour les divisions de l'intérieur, et de 60,000 pour l'Algérie ; elle coûterait 306 millions. Le ministre ne dissimule pas que cet effectif est insuffisant, même pour une époque de paix ; car il évalue à 306,000 hommes les forces indispensables à l'intérieur, et à 60,000 les forces nécessaires à l'occupation d'Alger. Cette évaluation s'éloigne peu de celle que M. le maréchal Souk présentait, pour la période pacifique, dans le budget de 1842 qui fixait à 370,000 hommes et à 76,000 chevaux le minimum de l'armée. La dépense, même en tenant compte des supplémens de crédit qu'exige la guerre d'Afrique, ne devait pas s'élever à plus de 320 millions.

Le chiffre de 370 à 380,000 hommes est celui que nous voudrions voir prendre pour base dans la fixation de l'effectif. Une armée de 380,000 hommes, s'appuyant à l'intérieur sur une forte réserve et dans l'Algérie sur un vaste et vigoureux système de colonisation rendrait à la France, pour peu que son gouvernement fût prudent et résolu, l'ascendant qu'elle a perdu depuis ces dernières années. Mais il ne faut pas que l'armée reste oisive ni improductive. Ce n'est pas pour étaler, dans les garnisons de l'intérieur, des parades stériles que la France confie chaque année à l'état 80,000 hommes, la cinquième partie et les hommes les plus robustes de chaque génération. L'armée doit être une grande école de civilisation et de travail, aussi bien qu'un moyen de défense. Les écoles, les camps d'exercice, les travaux publics, voilà l'éducation qu'il faut donner à cette jeunesse militante. L'oisiveté des garnisons n'est pas moins funeste à la santé qu'à l'intelligence et à la moralité des soldats.

M. le ministre de la guerre porte, au budget de 1844, une somme de 840,000 francs, supplément de crédit qui permettra de réunir 33,000 hommes en camp de manœuvres et d'opérations pendant cinq mois de l'année. La chambre, nous le croyons, élèverait volontiers le crédit à 2 millions, dans l'espoir de faire participer 80,000 hommes à ces exercices et à l'instruction qu'en retirent les divers corps de l'armée. Chaque saison aurait ainsi ses travaux : pendant l'hiver, nos soldats se livreraient au maniement des armes et suivraient les écoles régimentaires ; les grandes manœuvres les occuperaient pendant l'été, et perpétueraient dans les régimens les traditions d'Austerlitz et de Wagram.

Les régimens ou les bataillons, que l'on ne réunirait pas dans les camps d'exercice, pourraient être employés utilement aux travaux publics. Ce serait là un moyen de diminuer la dépense de leur entretien, en l'imputant sur les fonds que doivent absorber les travaux extraordinaires, et de remédier à la hausse désordonnée que produira' infailliblement, sans cela, dans le prix de la main-d'œuvre l'accumulation de tant d'entreprises menées de front. Que l'on déclare par exemple une ou deux lignes de chemins de fer lignes stratégiques, et que l'on charge le génie militaire de l'exécution ; il y occupera les soldats avec la même facilité qu'on trouve à les appliquer aux fortifications de Paris, et les dépenses de l'état diminueront ainsi, malgré l'accroissement de l'effectif, de 20 à 25 millions par année.

Pour ce qui est de la marine, il y a peu de chose à dire. Grace à l'insistance de la chambre, le gouvernement maintient un état d'armement qui rassure et qui suffit. On n'a plus à lui demander que d'imiter la prévoyance de l'Angleterre [11], et de travailler à l'accroissement progressif de notre matériel. Ce sera plus tard l'œuvre d'une législation plus favorable à la liberté commerciale de nous donner une réserve énergique pour le cas de guerre, en augmentant le nombre de nos matelots. Que la leçon de 1840 ne soit pas perdue pour nous. En travaillant, pendant les années de paix qui nous restent encore, à développer la richesse nationale, n'oublions pas que la Fronce doit se préparer à toutes les éventualités, et que la situation de l'Europe lui commande de rester l'arme au bras.

Le gouvernement et les chambres pourraient mettre encore à profit l'intervalle pacifique pour reprendre le projet trop vite et trop longtemps interrompu de rembourser notre dette en 5 pour 100 et en 4 1/2 pour 100. Cette mesure, que l'état du crédit rend désormais inévitable, aurait pour effet de réaliser, sur la masse de nos dépenses, une économie qui ne serait pas à dédaigner. Mais le principal avantage de l'opération consisterait à mettre le taux nominal du crédit public dans un rapport plus exact avec son taux réel, et à changer ainsi en France l'étalon de la valeur. On rendrait à l'état la faculté d'emprunter, qui se trouve aujourd'hui paralysée dans ses moins ; la conversion des rentes, combinée avec la réforme de notre système hypothécaire, déterminerait, dans toutes les transactions, la baisse du loyer des capitaux.

M. d'Audiffet [12] a démontré sans peine que le remboursement, ou plutôt la conversion du 5 pour 100 ne pouvait pas rencontrer d'obstacles sérieux en France. Sur 134 millions de rentes 5 pour 100, non rachetées, 95 millions seulement sont la propriété individuelle d'étrangers ou de Français ; les 39 millions restant se distribuent entre les communes ou les établissemens publics, et tombent nécessairement sous le coup de la conversion. C'est donc sur une masse de 95 millions de rentes, moins de 2 milliards en capital, que porte la difficulté de la conversion. Or, l'Angleterre en 1822 a fait une opération bien autrement gigantesque, puisque la conversion embrassait un capital de 3,740,695,000 fr. de rentes 5 pour 100 que l'on a réduites à 4 pour 100 d'intérêt. En 1826, nouvelle réduction ; un capital de rentes 4 pour 100 s'élevant à 1,752,635,000 fr. est converti en rentes 3 1/2. En 1830 un capital de 3,775,543,000 fr. est encore réduit en 3 1/2 pour 100.

Dans ces trois opérations, qui embrassaient un capital primitif d'environ 10 milliards, les rentes, que leurs propriétaires refusèrent de convertir, représentaient une somme de 289 millions de fr. en capital, soit à peu près 3 pour 100.

On remarquera que dans toutes ces réductions le gouvernement anglais a procédé d'une manière brutale, n'offrant jamais la moindre compensation aux rentiers dont il réduisait le revenu, ce qui devait infailliblement diminuer l'attrait de l'opération. Le gouvernement français, au contraire, devra, dans l'intérêt de cette mesure comme dans celui des porteurs du 5 pour 100, restreindre volontairement le bénéfice que la concession est appelée à réaliser ; et de là, les combinaisons dans lesquelles, en offrant aux rentiers du 4 pour 100 à la place du 5 pour 100, on y ajoutait soit dix, soit huit annuités de 1 pour 100.

La question d'opportunité est la seule que l'on puisse désormais agiter au sujet de la conversion, et nous la croyons tranchée par le fait même de la direction politique que suit le ministère actuel. Les hommes qui ont pris pour devise « la paix partout, la paix toujours, » auraient bien mauvaise grace à différer la reconstitution du crédit en France, en prétextant l'état de l'Europe ou celui du pays.

REVENU

Le revenu public de la France est évalué pour l'année 1844 à 1,247,228,366 fr., et, dans cette somme, le produit des impôts indirects figure pour 755,230,000 francs. Les recettes du mois de décembre 1841 et des onze premiers mois de 1842 ont servi de base aux appréciations du gouvernement. En admettant que la progression, qui n'a cessé de se manifester dans le revenu depuis 1832, suive la même marche, on peut espérer que le revenu de 1844 excédera d'au moins 40 millions celui de 1842, et que les recettes s'élèveront peut-être à 1,300 millions.

C'est là un revenu considérable et solidement établi. La France supporte sans difficulté le poids de cette contribution qui se divise plusieurs sortes d'impôts, et que les contribuables augmentent volontairement en accroissant leurs consommations. Depuis 1814 jusqu'à 1827, les contributions directes avaient été dégrevées de 92 millions ; depuis 1830, le produit de ces taxes s'est relevé de 70 millions, dont 12 millions proviennent de l'accroissement naturel de la matière imposable, et dont 15 millions ont été votés par les conseils départementaux principalement pour améliorer les voies de communication. L'impôt foncier en 1844 ne s'élève donc pas au même chiffre que sous la restauration ; et pourtant nous n'exagérons rien, en admettant que le revenu des propriétés tant rurales qu'urbaines s'est depuis cette époque accru de moitie. Ainsi, une contribution moindre prélevée sur un revenu amélioré, voilà l'état de l'impôt direct. Provisoirement du moins, il n'y n pas de raison de toucher à cette florissante situation.

Mais on conviendra que l'impôt indirect, l'impôt de consommation pourrait et devrait rendre davantage au moyen de tarifs mieux appropriés aux besoins des consommateurs. Si l'Angleterre, dont le système contributif repose à peu près exclusivement sur l'impôt indirect, avec une population de 24 millions d'habitants, verse entre les mains du fisc une somme de 1,300 millions, pourquoi la France, qui n plus de 34 millions d'habitants, ne rendrait-elle pas au trésor, en suivant la même proportion, 18 à 1,900 millions ?

Pour nous réduire à ce qui est immédiatement possible, nous ne doutons pas qu'en modifiant les tarifs ou le mode de perception de certaines taxes indirectes, on ne parvînt en France à élever promptement le revenu de l'état à 1,500 millions. En Angleterre, les douanes (accise), qui comprennent aussi les droits établis sur le tabac et sur le sucre, rapportent plus de 500 millions. Le produit de ces trois articles n'est porté dans les évaluations du budget de 1844 que pour 258 millions, environ moitié du produit anglais ; encore les droits de douane proprement dits y sont-ils compris pour moins de 105 millions.

L'inégalité tout-à-fait monstrueuse de ces résultats s'explique quand on réfléchit que notre tarif de douanes a été combiné en vue, non de la perception, mais de la protection. Il semble en vérité que le législateur ait voulu frustrer le trésor des revenus que l'introduction des marchandises étrangères devait lui procurer. Presque tous les articles d'importation qui ont de la valeur ont été prohibés ou frappés de droits prohibitifs ; il suffit de citer les fils, les tissus, les fers et les bestiaux. Si l'on admettait tous ces articles à des droits de 25 ou 30 pour 100, qui doute que la recette de la douane s'élevât bientôt de 104 à 200 millions ?

Les droits établis sur les sucres rendront, suivant les calculs de M. Laplagne, 52 millions ; eu Angleterre, le même impôt produit plus de 130 millions. Il serait possible d'en retirer en France 75 à 80 millions si l'on décrétait, en rendant cette assimilation progressive, l'égalité des droits entre le sucre indigène et le sucre colonial, et si l'on abaissait en même temps la surtaxe qui frappe le sucre étranger. La France consomme annuellement 120 à 130 millions de kilog. de sucre, dont les colonies fournissent 80 millions. En supposant une consommation de 140 millions au droit de 50 francs par 100 kilog., le produit serait pour le trésor de 70 millions de francs ; mais comme il ne paraît pas que le sucre indigène puisse fournir 60 millions de kilogrammes, il faut admettre que le sucre étranger entrera dans la consommation pour 30 ou 140 millions de kilogrammes, en payant au trésor un droit de 60 à 65 francs par 100 kilog. Cette combinaison i'approcherait le produit annuel de la taxe, du chiffre de 75 millions que nous avons posé.

Le monopole du tabac est compté, dans les revenus de 1844, pour 102 millions de francs. Cet impôt produirait sans peine 18 millions de plus si la régie améliorait la qualité de ses tabacs à fumer.

Le produit des trois ou quatre impôts différens que supportent les boissons est évalué à 97 millions. En simplifiant cette taxe et en la répartissant plus également entre toutes les classes de citoyens, on devrait en retirer aisément 125 à 130 millions.

La taxe des lettres figure dans le budget de 1844 pour 43 millions. L'élévation des tarifs s'oppose ici au produit. En Angleterre, le nombre des lettres a triplé depuis l'établissement de la taxe uniforme de 1 penny (2 sous). Il est raisonnable de penser que, si le port des lettres était réduit en France à 2 sous pour les lettres qui circulent dans la même ville, à 3 sous pour les lettres qui ne franchissent pas les limites du même département, et à 5 sous pour les lettres envoyées d'un département à un autre, on obtiendrait bientôt, au moyen de cette réforme, un revenu très supérieur. Il y a lieu de croire aussi que la réduction à 2 pour 100 du droit sur les articles d'argent, qui est aujourd'hui de 5 pour 100, et qui rend à peine 1 million, élèverait bientôt de 5 ou 6 millions le produit des postes, qui est évalué pour 1844 à 149 millions, et qui ne devrait pas, en somme, rester au-dessous de 70 millions.

Enfin, la mise en exploitation des grandes lignes de chemins de fer augmentera nécessairement le revenu que donne au trésor le droit du dixième établi sur le prix des places, et le portera en peu de temps de 9 millions à 20. Toutes ces augmentations, que la force des choses amènera, si la bonne volonté du pouvoir ne la devance pas, se résument dans le tableau suivant :

1844   Ultérieurement
Produit des douanes   104 1/2 millions   200 millions
« sucres   52   75
« boissons 97   125
« tabacs   102 120
« postes   49   70

« du dixième   9 1/2   20
TOTAUX 414 millions   610 millions

On voit par ce qui précède qu'un gouvernement prévoyant et ferme serait maître d'élever le revenu de la France à une prospérité que les ministres les plus prodigues ne pourraient pas dissiper plus tard, quand ils le voudraient. Une mine d'or est sous les pas du fisc ; il n'a qu'un coup de pioche à donner pour la découvrir à tous les regards. Qu'il s'affranchisse seulement de la tutelle des propriétaires de bois, des maîtres de forges et autres titulaires de la féodalité industrielle ; et les douanes, ouvertes dans une sage mesure à l'importation des produits étrangers, verront doubler leur revenu. Alors s'effacera en peu d'années le déficit de nos finances, et nous pourrons envisager avec plus de liberté l'avenir qui s'ouvre devant nous.

CONCLUSION

Mais l'accroissement possible et probable du revenu, quelques proportions qu'il affecte désormais, ne doit pas nous faire perdre de vue la réduction nécessaire des dépenses. Nous avons des finances fortement engagées ; et des finances engagées ne sont, dans aucun cas ni dans aucun pays, des finances prospères. Une nation puissante, surtout lorsque l'avenir est incertain, doit garder toute la liberté de ses mouvemens. De même qu'une armée n'est forte qu'avec une réserve d'hommes pour appui, ainsi un gouvernement n'a sa politique assurée que si des dettes à terme ne pèsent pas sur le trésor, s'il n'a pas sur les bras des entreprises de longue durée, et s'il garde une réserve en écus.

Nous avons une comptabilité dont on vante l'entente, et qui aligne les chiffres dans l'ordre le plus régulier. De quoi cela sert-il, si le désordre est dans les intelligences qui gouvernent, et si l'on ne sait se rendre compte ni de ce que l'on fait, ni de ce que l'on veut ? Nous entassons les entreprises sur les entreprises, et les dépenses sur les dépenses. Avec l'Algérie à coloniser, nous allons chercher encore de l'espace et des postes à occuper dans la mer Pacifique. Un demi-milliard est à peine voté pour les routes, les canaux et les places fortes, que le gouvernement engage les chambres dans un réseau de chemins de fer qui peut leur coûter un milliard tout entier. Nous marchons de déficit en déficit, en tenant admirablement nos livres. Le corps social est chez nous sain et vigoureux, mais il dissipe ses forces, et s'énerve par une dépense excessive de chaque jour. Nous agissons comme si la Providence ne devait jamais nous éprouver ; et quand vient le jour de l'épreuve, nous nous trouvons hors d'état de porter dignement un nom qui impose de si grands devoirs. Nous sommes perpétuellement placés entre la nécessité de faire un effort gigantesque ou de nous résigner à une lâcheté.

Le succès de la politique la mieux entendue dépend, plus qu'on ne croit, de l'ordre dans les finances. Les guerres de l'empire ont prouvé que la richesse, avec le temps, devait triompher de la force. L'Angleterre a vaincu Napoléon, grace à son industrie et à son commerce universel, qui lui donnaient le moyen d'acheter toutes les armées du continent. Aujourd'hui que le duel politique a changé d'acteurs et s'agite entre la Russie et l'Angleterre, quelle cause arrête la puissance d'expansion de l'empire russe dans cette lutte, si ce n'est le défaut d'argent ? Et que sert d'avoir six cent mille hommes sous les armes, quand on n'a pas 500 millions de revenus ?

La France pourrait avoir les plus belles finances de l'Europe, si l'abondance de ses ressources était égalée par l'habileté de son administration. Non-seulement notre revenu l'emporte sur celui de chacune des grandes puissances continentales, mais il égale, ou peu s'en faut, celui de la Russie, de la Prusse et de l'Autriche réunies. La partie disponible de ce revenu, en dehors des charges de la dette tant perpétuelle que viagère, est d'ailleurs très supérieure aux ressources annuelles dont l'Angleterre peut disposer. Sur un revenu de 1,300 millions, la dette fondée, la dette flottante, la liste civile et les pensions en absorbent près de 800 millions dans la Grande-Bretagne ; il ne reste donc que 500 millions environ à consacrer aux dépenses de perception et d'administration, à la marine et à l'armée. En France, au contraire, la dette publique, les dotations et les pensions, ne réclament pas au-delà de 380 millions par année. Il reste donc près de 900 millions dont on peut disposer pour les services administratifs ainsi que pour entretenir les forces de terre et de mer. Le développement possible de notre puissance est donc à celui de la puissance anglaise comme 9 est à 5, et il ne tiendrait qu'à notre gouvernement d'occuper dans les conseils de l'Europe la place qui nous appartient.

Ajoutons que le revenu de la France est celui qui présente la plus ferme assiette, ayant une partie fixe, les contributions directes [13], que l'on peut augmenter en cas de guerre, et une partie mobile, les contributions indirectes, dont le produit s'accroît chaque année en temps de paix [14]. Les puissances continentales tirent principalement leur revenu de l'impôt foncier, et voilà pourquoi la paix ne les enrichit pas ; l'Angleterre fait reposer le sien presque uniquement sur les taxes de consommation, dont le produit diminue à la moindre commotion qui se fait sentir, soit dans le monde politique, soit dans le monde commercial, et voilà pourquoi la guerre lui est principalement redoutable. Le système financier de la France est le seul qui offre une élasticité égale pour la guerre comme pour la paix.

A l'avantage d'asseoir notre revenu sur la double base de l'impôt direct et de l'impôt indirect, nous joignons celui de n'avoir pas épuisé, comme l'Angleterre, tous les moyens d'exciter la consommation. De l'autre côté du détroit, dans les jours de prospérité, le peuple consomme à peu près tout ce qu'il peut consommer, et le tribut qu'il paie au fisc sous cette forme peut décroître, mais ne peut plus s'augmenter. Chez nous la consommation est bornée aux villes, qui sont loin d'ailleurs de renfermer, comme en Angleterre, les deux tiers de la population. Les campagnes ne paient guère d'autre taxe de ce genre que la taxe du sel. Quand nos paysans feront entrer dans leurs habitudes l'usage du sucre, du café, du vin et du tabac, le produit des contributions indirectes prendra une rapide et immense extension. Dès aujourd'hui, l'on reconnaîtra qu'au rebours de l'impôt anglais il doit croître et ne peut guère plus décroître.

Pour compléter ce rapprochement, il faut dire que, malgré un revenu décroissant, le gouvernement anglais o su faire face aux difficultés de sa position et augmenter son influence en Europe ; tandis que le gouvernement français, avec un revenu croissant, avec un système admirable d'impôt, secondé comme il l'était par toutes les forces du pays, s'est laissé humilier et amoindrir, et nous a fait perdre en influence, depuis dix ans, autant que les traités de Vienne nous avaient enlevé en territoire après une double invasion.

En 1828, le revenu de l'Angleterre était encore de 58 millions de livres sterl ; en 1841, il était tombé à 52 millions. Dans l'intervalle, le gouvernement avait diminué ou supprimé les taxes jusqu'à concurrence de 7 millions de livres sterl., et les avait augmentées jusqu'à concurrence de 2 millions. Mais les dépenses avaient subi des réductions équivalentes, qui avaient précédé la diminution du revenu.

En 1828, le revenu ordinaire de la France ne s'élevait pas à 900 millions ; il dépasse aujourd'hui 1,250 millions. C'est ce bienfait de la Providence que nous avons gaspillé !

Ainsi voilà deux empires, dont l'un se maintient et grandit par la seule vigueur de son gouvernement, pendant que la prospérité intérieure, que les ressources nationales diminuent ; dont l'autre s'abaisse et descend par l'incurable faiblesse de ceux qui le mènent, en dépit des forces merveilleuses que la nation a déployées. Toute la situation est dans ce contraste. Il prouve qu'un peuple a beau s'évertuer à vouloir et à produire, s'il n'a pas un gouvernement qui mette ces trésors de courage et de richesse en valeur.

LÉON FAUCHER

NOTES

[1]Budget de 1842, page 19.

[2]Séance du 12 avril 1842.

[3]Budget de 1863, page 8.

[4]Savoir : déficit de 1840 : 138,094,539 fr.

1841 : 24,500,570

1842 : 153,103,972

TOTAL : 315,709,081 fr.

Voir la page 10 du budget de 1844.

[5]Le revenu brut de l'Angleterre est en moyenne d'environ 1,310 millions de France, et celui de la France excédera probablement, en 1843, 1,260 millions.

[6]En ce moment même, il est question de convertir le 3 pour 100 anglais, qui est à 102.

[7]Voir le rapport de M. de Chabrol sur l'administration des finances.

[8]Voir le budget de 1844, page 26

[9]L'accroissement général des revenus directs et indirects a été, sous la restauration, de 212 millions.

[10]Voici dans quels termes M. le ministre des finances juge, évidemment sous l'influence d'un optimisme un peu partial, les changemens apportés depuis 1830 dans l'économie de nos budgets :

« Pour les recettes :

« Un accroissement dû, pour les deux tiers, au développement de l'aisance dans toutes les classes et au surcroît de consommation de toute nature qui en est inconséquence, la presque totalité du surplus demandé aux contribuables par les votes des conseils électifs, auxquels ils ont eux-mêmes confié leurs intérêts, et, d'un autre côté, le trésor abandonnant des ressources importantes, la loterie et les jeux, pour déférer à des réclamations faites au nom de la morale publique, une forte part de l'impôt des boissons pour soulager une de nos principales productions agricoles.

« Pour les dépenses :

« De fortes réductions opérées sur la liste civile, l'ancienne maison militaire, le personnel des ministères, des administrations publiques, les traitemens des fonctionnaires haut placés ;

« Des améliorations considérables dans les situations inférieures de la magistrature, du clergé et de l'armée ;

« La dotation de l'instruction publique presque triplée par le développement de l'instruction populaire ;

« Nos forces de terre et de mer accrues en hommes et en matériel, les charges de l'Algérie occupant une place qui était vide en 1830 ;

« L'application à des travaux productifs des impôts volontairement supportés par les départemens et par les communes ;

« Et enfin 130 millions de plus consacrés, en une seule année, à la création ou au perfectionnement de nos moyens de défense et de communication. »

[11]« Je puis donner à la chambre (des lords) l'assurance que, dans trois mois, il y aura trente vaisseaux de ligne environ prêts à mettre en mer : dix-huit sont dans la Medway, dix à Portsmouth et dix à Devonport. Neuf bâtimens sont en chantier, et l'on a donné l'ordre d'en construire huit de plus. Il y a, en outre, douze autres bâtimens de toutes classes qui doivent être bientôt équipés. Les bateaux à vapeur en construction sont au nombre de six ; cinq doivent être lancés cette année, deux ont dû subir quelques modifications ; il y en aura sept en tout. L'ordre a été donné d'en construire huit de plus dans divers chantiers. Cinq vaisseaux sont en construction ; l'année prochaine, on en commencera trois autres à Chatham. Ce sont les difficultés financières du pays qui ont empêché seules le gouvernement d'aller plus loin. Il y aura bientôt à Londres des établissemens pour tout ce qui concerne la navigation à la vapeur, analogues à ceux de Norwich, Portsmouth et Plymouth. L'Angleterre compte cette année quatre-vingt-seize bateaux à vapeur. Le gouvernement est décidé à faire tous ses efforts pour soutenir la puissance navale de l'Angleterre, dans le cas d'une guerre subite. » (Paroles du comte d'Haddington, séance du 24 février 1843.)

[12]Voici la classification que M. d'Audiffret établit des rentes 5 pour 100, d'après les documens officiels, dans son Système financier de la France :

« Les rentes 5 pour 100 s'élèvent à 147,110,1461 fr.

Sur cette somme, les rentes rachetées s'élèvent à 12,510,978

Il reste à convertir 134,569,483 fr.

Cette somme comprend des rentes appartenant à des services publics dont l'état recueille les produits et auxquels il fournit des subventions, savoir 17,906,000 fr.

Montant de la dette, produisant une réduction profitable au trésor

116,663,483 fr. :

Sur cette somme, les établissemens publics, tant à Paris que dans les départemens, possèdent 21,335,000

Reste donc, pour les rentes appartenant au particuliers, tant étrangers que régnicoles, une somme de 95,328,000 fr. »

Le budget de 1843 présente un autre calcul ; il divise les rentes 5 pour 100 en rentes immobilisées et en rentes mobilisées, les premières s'élevant à 45,419,635 fr. et les secondes à 101,621,353 fr.

[13]Le produit des contributions directes est porté au budget de 1844 pour 409 millions.

[14]Le produit des contributions indirectes est porté au même budget pour 755 millions.